그대의 끼니가 아름답기를

그대의 끼니가 아름답기를

지은이 · 한분순
펴낸이 · 유재영, 유정융
펴낸곳 · 주식회사 동학사
번　역 · 이봄

1판 1쇄 · 2024년 11월 15일
출판등록 · 1987년 11월 27일 제10-149

주소 · 04083 서울 마포구 토정로53 (합정동)
전화 · 324-6130, 324-6131 | 팩스 · 324-6135
E-메일 | dhsbook@hanmail.net
홈페이지 | www.donghaksa.co.kr
www.green-home.co.kr

ISBN 978-89-7190-896-9 03810

2024년 원로예술지원 선정 프로젝트
주최 · 주관: 한분순
후원: 서울특별시, 서울문화재단

한분순 시조집

그대의 끼니가 아름답기를

the beautiful meal for you

■ 시인의 말

이 글 읽는 그대의 끼니가 늘 아름답기를.

the poet interprets the miracle.

here is the beautiful blessing for you.

그대의 끼니가 아름답기를 한분순 시조집

1

사랑이라 쓰려다 너의 이름을 쓰며

2

고독의 방생

3

기적이 조용히

4

바람이 바람에게 반하여

5

그대의 끼니가 아름답기를

1

사랑이라 쓰려다 너의 이름을 쓰며

yours tenderly

사랑이라 쓰려다 너의 이름을 쓰며

꽃들을 걸어 뒀지,

그대 셔츠 단추에

옷깃은 잘 여며요,

나에게만 열어 줘

사랑을 받아쓰려다

어쩐지 쓴,

너의 이름

yours tenderly

i place a flower in your shirt's buttonhole.
adjust your clothing.
do not flirt. stand faithful.
i try to dictate the word "love," yet
i dazedly scribble your name.

연애의 교리

네 생각 가득해서
턱 괴는
버릇 들어

설렘을 먹고 사는
심장은 낭만주의

사귀자,
계산적으로,
귀신조차 겁내게

the lovers' creed

i've acquired a habit of cupping
my chin in my hand,
because you occupy my head so heavily.
the heart tends to be
the romanticist feeding on pulsing feelings.

let's have a date kissingly yet
so calculatedly that
even phantoms fear.

악착스럽게 사랑해

돌핏물 억세어서
갈린 먹 검푸르러

품 할퀴인 벼루는
무던히 반반하다

사랑을
남의 피로 쓴,
악착같이 짙어진

adore tenaciously

the blood of the inkstone is sturdy.
an ink stick claws at an inkstone.
there is a calm beauty
in that rubbed dark blue.
the romantic poem scrawled in
others' fresh blood.
love tenaciously, deeply.

나의 종교는 너를 웃게 만드는 것

도시의 문장에서

야경은 형용사

규율 있는 직유와

감상적인 어휘들

너에게 어울리는 나

밤을 위한 수식어

은하수로 꽃 씻어서

묵은 허무 닦으며

번역하는 신비 속,

밤의 문체 선하다

my theology for the sweetheart

the nightscape fulfills
functions of adjectives in the metropolis.

to my darling, tonight twonight.

that latitudinous simile.
the mellow vocabulary.
i'm the fabulous modifier of you.

through the silky milky way,
i rinse flowers and polish
the dusky nihil by glittering petals.

the night is the gifted pencraft.
pens translate all the arcana.

my lord, authorize the demon to guard me.

내 주여,

악마를 시켜

나의 글을 이루소서

고독이 고독하지 않게

공허 닮은 키스맛,
가득했다 비워져

비릿해진 연애는
꽃잎들로 지혈된다

휘파람,
길들인 우울
허무를 애완으로

낙원이 문명에
납품하는 금기들

지혜처럼 질기면서
호위하듯 올바른

the solitude mate

kisses taste airy. reign, then void.

lips send red breezes to tame blues.
the floral leaf favors rotten passions.
that neatly cherished petted nothingness.

the civilization delivers prohibited taboos
to the garden of gods.

there is the qualified guardian for the prajna.

near a carton of apple juice,
the snake shaped long straw.
the high noon heat is rigorous.
that rebellious decadence.
just hallucinative is the ebullience.
perhaps that nihility
is the supplemented original sin.

i find the formula to curse.
yet i prefer the state of ataraxia.

사과로

차려 낸 주스, 기다란 뱀,

긴 빨대

더위가 철저하다

반항만큼

벌건 퇴폐

격정은 그저 환각

허무는 최신 원죄

저주를 습득했지만

귀찮아서 나른히

사랑 않은 척

반짝이 옷을 입어
실연을 감추면서

사랑이 할퀸 곳에
웃음들 덧바른다

광대는 칼을 쥐지만
케이크만 자르지

허공의 심장을
가르는 작두질에

빨간 꽃물 세게
튀어
저녁이 번지면

in the dark night rhetoric

dress up luciferously.
disguise the betrayal.
spreading smiles
on the stains of a broken heart.
the pierrot grasps the knife
just to cut the cake into pieces.
thoroughly chop the fresh air.
around the splashed scarlet fluid,
the sunset effloresces.
in the dark night rhetoric,
pretending serenely not to love you.

태연히
사랑 않은 척
밤은 훌쩍 숨는다

연인아

신화가 열은 시대
유일하게 남은 구원

결국은 사랑이다
웅변보다 강한 밀어

연인아 모든 우주가
너에게 다정해

the neoromanticism

in the diluted myth era,
the only salvation is that affection.
sweet talks surpass
that shouty eloquence.
my dear, the entire universe is gentle to you.

축원

그림자는 짙은 나비,
같이 걷는 등 뒤 바람

기쁜 일은 그렇듯
조용히 일어나는

두근대, 너의 베개로
내려오는 축복들

the benediction

your shadow is
the fancy butterfly.
it calls favonian winds during
the near and dear stroll.
joyful things sprout so tranquilly.
genuine pleasures.
blessings land onto your pillow
from the cosmos.

그대에게 고백하진 않겠지만

꽃다운 팝콘을
묵주처럼 헤아려

깨끗이 떠다 놓은
눈물을
튀겨 낸 맛

섭취된 가공의 구원
성사되는 고해들

the salvation blooms

the utopia made
by cherry blossoms.
popcornized tears?
the prayer blooms like the
lover's oath.
enchanted portables.
salvational horns.

너의 외로움이 반짝여 가끔 잠에서 깨어

연인의 체온으로
나긋하게 반짝여

우주를 헤아리는
가부좌 닮은 곧음

핸드폰, 나만을 보며
손금마다 기쁘다

the digitalized lover

i stay up all night for your solitude sparkles.
you sit sustainedly in a lotus position
to penetrate things.
that's you. the hand held cellular phone.
you read the lucky lines of my palm.

혁명마저 권태로운 시대

낙원조차 해쓱하다,
월요일의 시든 치정

일요일 저녁 공기,
나른해진 혁명 같지

금요일, 밀약의 궁정
그대에게 또 연애시

나른하여 흘린 피
앞뒤로 새빨간 꽃,

설렘은 알지 못해
그저 뛰는
날것의 숨,

postrevolutionary blues

the monday morning, the pale passion.
even the fairyland is gunmetallic grey.
feel the languid revolution at
the foot of the sunday nightfall.
dedicate romantic sonnets to lovers.
the friday evening,
paramours' palaces form.
petals are red to the moon and back.
that color of the bloody ennui.

in a mood to love?
well, just a kind of pulse rhythm.
greasy lips bone and devour sweet hearts.

사랑을 발라먹으며
입술이 반지르르

뭐가 그렇게 수줍어서

겹겹의 고독을
앵두처럼 굴리면서

멀미난 색시처럼,
입술만 달싹인다

해맑은 그림자 안아
만나는 예쁜 내력

wholeheartedly

beautiful yet bitter.
the seclusion savors of the green cherry.
full of youthsick.
that dirty treachery too often.
the shadow tends to fly low.
even though that shadow is so shy,
it is my loyal fellow.

생포하는 젊음

젊기에는 너무 젊던
쓸쓸함을 후벼파

서글픔의 피 위에서
사랑이 붉어진다

외로움
산 채로 잡혀
천둥을 엎질러

the captive nihil

the youth is too young to be young.
a mood of melancholy pierces the existence.
adorations spilled thunders
in sullen spirits.
snatch charily the fat loud nihil alive.
set the precious solitude free.

가을은 무정부주의자의 사랑이듯

서정의 격발 속에
해독되는 허무들

평온한 네온 군무
물화된 혁명이다

살내음 젊은 샛별들
고양이들 풍선껌?

연인들은 그늘을
하늘로 던져 올려

어른들 되었지만
다, 사랑엔 서투른

a love letter from an anarchist

the autumn betokens
anarchists' romantic verses.

lyrical yet decadent at the tiptop of
the sentimental vanity of vanities.
a troop of sensitivities detoxifies blues.
being the spit of the liquid opium,
the night rain is hallucinatory.
the neon lights dance tranquilly.
that colorful riot materializes the rebellion.

daystars scent fruity. is there
a cat chewing a piece of bubble gum?

that urbanized moon
gives the sword law to romances.

everybody is an abecedarian lover.
all love is the first love.

웃는 달
칼처럼 밝아
계엄령을 애정에게

지그시, 봄

갓 물오른 눈꼬리
가지런히 삽상한

곡마단 구경하듯
흰 이를 드러낸
봄

어깨를 지그시 안는
격려로 바람결

영원을 다스리려
낯가리던 꽃 벙글어

서둘러 눈뜨는 것,
슬기 속 미쁨이다

so courteously

that sheltered circus is held
in the pearly roseate season.

the spring casts
an amorous glance.
neatly cheerful.
in the heyday, freshly springy.
the spring breeze
pats on your back courteously.

although the flower is shy,
it dreams a coup for its empire.

flowery thorns stab the sky stilly.
run wild consistently.
but on the other hand, box clever.

the flower yells beautifully and
then blooms like a prayer.

참하게 피어오르니

기도처럼 품으며

2

고독의 방생

the tux for the urban jesus

모든 달콤함은 연적이다

지나치게 낭만적인
달콤함이 수상해

내 연인의 입술에
다가서며 무례히

탐하던 아이스크림
녹아 버린
고운 연적硯滴

daringly sweet

the sweet smell of the rival.
it is close to the lips of my beloved.
the very raid, daringly seductive.

here is the ice cream.
a fitting finale. the covetous rival is melted.

스쳐간 그 사랑을 잊는 소리

금기된 탐착으로
사랑이 체하여서

꽃들을 토해 내는
무지개 생성 과정

절반의 은닉된 색기
밀애하는 요정들

무지개에 걸터앉는
여름은 젊은 샤먼

사랑에 젖는 옷깃,
왈칵해 장마 든다

officially blessed

tune in to saying adieu to your ex.
the greedy passion
is converted to the romancesick.

flowers vomit up the rainbow.

the half moon, and the other half lust.
fairies camouflage their secret flirtations.

the summer is the young shaman
in technicolors.

lovers' tears release continuous rainy spells.
officially blessed, pouringly, thinned dolors.

펴 붓다

옅어진 슬픔

아름답게 낫는 것

잘 안기는 버릇

청춘은 착하여
나이만을 훔친다

바람이 빼낸
꽃내
온통 더 맹렬하며

얕은 밤
너의 체취를
맥박 위에 바르지

love to love

the vigorous youth
robbed the age.
that is all. put years
on naive robbers.
the tempest steals flowery scents.
your odor is the ritzy perfume
in the thin blue night.

너의 나이를 좋아해

둘이서 만나는 날
스웨터를 입으려 해

마음이 제멋대로
반하려나 두툼히

나이를 지켜봐 주며
삶의 멀미 이긴다

doll up for a date

a cosy ballad for a heart.
pick the sweater.
through thick threads, conceal your inscape.
since the love is easy to love gaily.
bless you, lovely elderly lovers.

로큰롤 바이블

카인은 하늘에서
록 스타가 되었어

구름은, 흰
도취제
노래가 되려는 꿈

어른을 비웃던 젊음
그러다가 곧 어른

쇼핑백 가득 들어
못박힌 두 손으로

입술엔 체리소다
앙탈하는 붉은 말들

the rock'n'roll hymn

cain. the fabulous rock star in
the contemporary eden.
cloud nine. the milky potions
dream of the hit song.
that youth joked on the adult.
in a jerk, so close to the adult.

the secular crucifix?
calloused palms due to grabbing
and carrying the heavy shopping bag.
the cherry fizzy soda pop
on the lips chanting the lord's prayer.
that hash-up urbanized in the chocolate garden.
the rock'n'roll side of the sugary paradise.

진흙 위
초콜릿 장마
달콤히 젊은 아담

밤달 자판기

태양이 흘려 놓은
노을을 길어 올려,

낯 씻어
낯 닦은,
달밤이 훤하다

얼굴을
못 알아봐서
슬픔이 스쳐가

흑막들
파먹어서
날마다 부활하는

the instant zen

the sun cleanses its face through
the liquid sunset.
here is the cleansed moon.
a new face, a new name.
that blues cannot identify its identity.
blue devils are diverted afar.

for the renaissance,
the moon eats dark secrets.
it does not turn its back on you
and backs you.
the sovereign aura.

등돌리지 않으며
너의 뒤를
지키는 달,

저며진 멍을 넘어서
절로 기쁜
맑은 힘

그들을 패거나, 나를 안아 줘

토라져 달아나며
가을을 나무란다

그들을 패거나
여기
나를 안아 줘

쓸쓸은 식지 않아서
쏘다니다 붉은 성

hug the roar

bloody merry in the autumn foliage.
hug me. kill rude hustlers
so mercifully.
autumnal tints
are crazy joyriders.
the gallop of
the scarlet roar.

오늘날의 신에게는 신사복이 더 어울려

유행은 신식 계명
땅에 알린 정령들

신들의 옷장에는
그 옛날 유니폼만

흰옷은 뚱뚱해 보여
계시 듣는
하안거(夏安居)

the tux for the urban jesus

fairies chat about
the new commandment.

guess the eleventh.
the trendy clothing?
full of antique uniforms in
the holy wardrobe.
dressed in all that white?
you look lovely but fat.
meditative hermits
are over the tranquil sea.

사랑을 잡아먹어라

힘있는 건 멋스럽지
연애는 나약해

사랑을 잡아먹어
번뇌를
물어 가게

눈썹달 눈웃음 듣는
오토바이 카우보이

lovers are not proper for the revolution

strongly potent?
that's beautiful.
loves are delicate
yet thinly crisp.
do not revolutionize
together if that guy loves deeply.

maybe lovers drop their cookie
for sweethearts, not for comrades.
prey on loves.
digest earthly passions.
the space cowboy
makes a dart for the moon.

인스턴트 믹스 러브

생각 깊은 들짐승이
센 갈기를 가다듬듯,

커피가 안는 크림
엳어져서 짙게 된,

서로에 깃든다는 것,
인스턴트 사랑이되

the coffee sonnet

the thoughtful beast trims its furious mane.
equally, the cream hugs the espresso.
that scene expresses
the principles of the negative and positive.
at its zenith, the dark pole attracts the bright.
in the cup of the creamed coffee,
the soul meets the soul.

밤은 사랑의 신앙

비약하는 낙화들,
허무 속 외향성

잡지 않는 애인에게
격발된 핀잔이다

사랑은 탐욕의 오역
처벌로써 권태를

floral rosy gunrays

the cherry tree shoots a floral hail of bullets.
rosy cannons in the air.
pale red angry forth to the hardhearted lover.
the love is the fancified avidity.
ennuied? punished.

해가 달을 그리워하게 된 까닭

황홀을 넣어 뒀던
검은 봉지 안에서,

자그만 햇덩이가
감상적인 귤로 익어,

비닐은 게릴라처럼
바람춤에 밤달로

the sun dance on the moon

a daily sun is recycled
and altered to an orange
in the dark velvety vinyl bag.
that silky vinyl
flies up ecstatically
to the moon through the waltz.
the vesper rapture
is metamorphosed to
the sentimental chunk.

커피 기도문

성호로 젓는 크림,
초대의 좋은 계시

짙은 포교 카페인에
무당마저 찾아든다

카페는 사적 예배당
안을 듯
더운 입김

you smell like

the caffeine propagates its religion.
faithfully secular.

a coffee shop is a kind of a chapel.
it fascinates even that heresy.
the milk pictures the cross in
the coffee cup.
sweet smells of merry prophecies.
the flavor hugs all the melancholy.

그 고독의 방생

자서전이 한 편의
연애 소설 같다면,

그런대로 괜찮은,
나름으로 멋있는

탐닉은 미련들 성곽
사랑이 더 높다

the love is higher than

you don't need to be a king to succeed.
the genre of your memoir is
the romantic comedy?
you are at the very top.

that fat greed ought to get the hell's training.
the love is higher than the heaven.

너에게 감탄해

연인의 이름처럼
각설탕 입에 물어,

녹아내린 사랑에
허무는 풍만해져,

외로움,
서로 등 기대
반짝이며 감탄하는

pronounce the tenderness

how wonderful to pronounce your name.
spellings consist of spellbound layers.
consonants taste luscious.
yet all the love melts like the sugar cube
and turns into the voluptuous ennui.
the solitude is sweet on other solitudes.

3

기적이 조용히

the miracle automat

기적이 조용히

바람 앞,

길을 놓아

별의 낭만 나른다

성서 읽다 놀러온

천사들 정류장

뒷모습 바라봐 주며

선선히 기적이

the miracle automat

cherry blossoms thunder
on the highway.

are they pink shadows of stardusts?
or angels' charades?
young angels are
not interested in reading the bible.
they land on the billboard and
plan to hike.
perhaps phasing
the miracle vending machine in?

촌스럽지 않은 고백

외로움의 사육제
켜켜이 가게 안에

예의로운 개인주의,
고백은 박력 있게

바코드,
흑백 광대옷
직설적인 추파들

love contemporarily

the merry snobbery.

in the posh shopping mall,
stacks of solitudes.

the bar code looks like carnivallike
stripes of the pierrot look.
all that stuff is the savior for each other.

how to say 'i love you'
sophisticatedly
contemporarily?

materialize your love.

짙어져서 은총

흰 번뇌를 관통하는
굵은 붓 끝 검은 튤립

슬픔을 덮는 것
갓맑은 꽃말씀들

글씨는 신의 그림자
부드럽게 걷는 밤

tender like steels

in the shape of the black tulip.
the black paint runs through
the white introspection on the paper.
flowers' cabbalistic letters.
that inky brush covers pale blues.
the deepening
shadow formulates the black letter.
nights are tender like steels.

반짝이는 것은 다 너와 같아

바람을 할퀴려나
둥글게 다듬은

손톱 끝 눈웃음에
밀어들 길어진다

긴 만큼
네게 가까이
극렬히 순수하게

all that glitters is you

trim nails softly for the courteous attitude.
do not claw even the wind.
there is the crescent smile on the fingernail.
the longer the nail the closer to you.
that moon is the satellite of the heart.

어느새, 신앙처럼

꽃소금 흐드러져
성령 닮아 하얗다

포옹을 알지 못해,
허공과 겨룬 바다

깊어져 신앙과 같은
강철처럼 고운 밤

faithfully velvety

flowery salts bloom through purified souls.
new waves splash and dig the horizontal air.
the sea ought to learn to cuddle.
love deeply steely.
faithfully in the transfigured velvet night.

풋마음이 낫는 내음

맞닿은 어깨로
기도하는 소리들

그리움 내밀면서
스칠 듯
손 건넨 풀

푸름의 경건한 유홍
바람은 비밀 지켜

그림자를 다듬으며
푸른 깃 여민다

맑게 쓴 속마음을
들려주는 풀휘파람,

polish shadows

the swaggy holy flirt in the grass green land.
blades of grasses pray shoulders to shoulders.
they shake hands devotedly with breezes.
heal the raw love riantly.
the wolf whistle feathers up to.
polish shadows and decorate blues.

서투른 짝사랑들이

생글대며 낫는 내음

비 오는 날에만 연인처럼 만나자

입술이 뜨거워서
호호 불며 입맞출까

비, 나비, 꽃송이
다정한 농담 냄새

너에게 가위바위보
사랑을 내려 해

pretended lovers

the hot chocolate flavored kiss.
it is too sweet to trust.
butterfly minds in the flowery rain.
in the cafe, full of
tenderhearted jokes aerially.
though the love is not
the rock-paper-scissors play
love less, win the heart.
temporally pretend to
be each other's lover only if it rains.

밤은 미학적이다

서약하며 지는 잎
잡념을 내려놓아

창백해진 향기지만
각성되어 맑은 뜻

여백들
더 짙은 초대
개화하는 밤의 미학

the tridimensional nihil

the leaf plants the kiss to the earth.
that green evens the ground and the rage.
purified fragrances.
spiritually cultivated rousings.
the thick nihil greets nighty feathers.

승전하는 순수

살오른
실존 옆
그림자는 늘 같다

순수의 본질은
질기게 영예로워

어둠 속
축적된 눈꽃
승전하는 흰 근육질

the purity conquers

the secular body gets fat.
whateves, the shadow is still slim.
in the dark, snows beam flashily.
the essence of the pure existence is
potent and glorious.
pollutions are punished
through white muscles.

사랑을 피워 버려

만발해

다가와서 곱던 추파

희게 식어

사랑은 속이는 것

라일락 담배처럼

너만은 다르다 여긴,

따뜻했던 어리석음

cigarettes, lovers

roll up a cigarette through a rose paper.
loves. cigarettes.
red high and then moody grey.
the love is just the
stupid souvenir from that cupid.
do not believe your all lovers.
such an enchanting nihilistic placebo.

착하되, 다만

신비를 착복하여
포옹을 마귀와

밤의 군주 보호에
경이를 봉헌한다

마술은 혼혈된 품위
위악과 첫사랑을

my dear devil

give a big smooch to that
prince of devils.
protected through the night lord.
adorn by the ethical mystique.
dedicate wonders.
in the lyrical righteous sorcery,
pal around with the devil.

반드시 다정히

삶이란 놀라워,
반드시 다정하다

월요일 있지만
그대 또한 여기에

헌 슬픔
주워 가는 너
사랑엔 바보라

mercifully shamazingly

tender is the life shamazingly.
there is a blue monday.
yet, mercifully, there are you.
the clever lovefool.
conquer junk sorrows.

달은 밤의 고백

좋아지는 속내만큼
입술이 붉어진다

연애는 육식성
심장을 움켜 먹는

사랑에 드러낸 마음
식지 않는
달이 된

비 닿으며
흰 달빛,
내리는 허무의 뼈

i love the way you enunciate the love

the red lipstick.
is it the passionate missile?
loves are carnivores. the heart eaters.
moonrays are bones of nihils.
the moon made in that night flirt.
pray for the lucky dream
above the prosperous virtuous horizon.

rainbows are
beautiful troops of the sun.
their seven strings sing the hymn.
i love the way you
pronounce the love.

올곧은 지평선에
축성된 길몽들

무지개, 태양의 이교
흘려쓰는 긴 복음

서, 정情

어려서 사랑은
얼마나 멍청한지

서로의 마음을
들고 튀다 흘린다

나이는
계속될 연서(戀書)
그럭저럭 애틋해

앳된 살구, 소년처럼
서정으로 볼록한 뺨

씨앗이 밴은 다짐
노을만큼 키가 큰다

pure loves survive

lovers. or robbers.
they cart their sweethearts halfheartedly.
carry your love in your heart.
all that faustian
force is tailored to the fizz.
taste fugitive fleshpots.
the cherry soda lips of the youth.
they trigger the ruby sunset.
glean the fleshy fresh red love letter.

서슬에
단풍 드는지
독재도 나이들어

천사는 기도를 통역할까?

도시에서 천사들은
느긋하여 비만해져,

별만큼 든
나이 세며
네온으로 갈아입어

십자가 피뢰침들은
신화들의 칼자국

the angel translates the prayer

in the fast food city,
the angel gets fat naturally.
ought to shop
for the extra large uniform?
the new white is the neon
spangled rainbow color.
not the fighter, the dandy.
perhaps the angel is fond of
being fashionable.

his jilted sword
is transformed into the cross.

4

바람이
바람에게 반하여

touch breezes gently

바람이 바람에게 반하여

극렬하게 허무가
우울을 선동하면,

어둠에 갈기는
네온들의 도끼날

고독은 잠들지 않아
바람을 안았어

touch breezes gently

the savage nihil.
that is the provocateur to gin up blues.
blades of neonrays thrash the dark.
for greeting breezes,
solitudes do not sleep a wink.
put roses in cheeks of breezes.

너는 더 사랑했어야

고독의 독백들

공허를 잠식하여

절벽 끝 어휘들이

만드는

높은 문장

사랑은 회유된 허무

우주만큼 긴 은유

질긴 비닐 기습으로

공허를 내젓는다

달아나는 그 사랑

뒤쫓으려 날뛰지만

the camouflaged love

the solitude feasts on a large vocabulary.
that fat nihil scoops the trophied pencraft.
proses are cakes.
that verse? the cherry top on the cream.
run softly through the rhetoric cosmos.
the vinyl shopping bag grasps at the air.
try to trail to its fed up lover?
loves? hollow essences in glam existences.
the ennui rides on the swift predator.

더 빠른

권태의 폭주

창조주는 허무주의

솜사탕 선문답

가벼운 질문들로,
팽창하는 솜사탕

비어 있는 가득함에
냉소를 휘날린다

설탕꽃, 답은 달콤함
그 긴 창은
숨기며

sweet paradises

the cotton candy. that flowery eloquence.
sticky thoughts host the sweet festa.
profound zen
dialogues in that sugar fairyland.
the era of the pink zeitgeist.
secular cokes, coked the savior.

연애를 몰라서 기타를 배워 봤어

앙다물며 버린 사랑
서운해 되뇌다,

잊겠다는 생각과
있겠다는 마음에,

팽팽히
겨룰 듯 안긴
기타줄 로맨스

the guitar trooper

the logic tells not to love fully.
only fools do that afresh.
five handsomely tall guys sing a love song.
the choir of five strings on the guitar.
or five gunrays shot at loves?

바람둥이는 은유를 쓴다

그 눈 붉게 뜨고 있는
격정 속
둥근 해,

무심하신 연인처럼
만인에 관대하셔

빗발은 침실의 커튼,
선포되는 밀어들

declare your love

the sun presents his red heart to all.
and then he hushes up.
a clever flirt prefers a metaphor.
night rains are curtains for zealous lovers.
empanoply by delicate moonlit laces.

밤만큼 너를

더위처럼 젊었다가
속 깊은
가을이 된

검은 노을
감겨들어
커피컵에 남아 있다

짙은 밤
핥아 마시면
잠이 들까?
네가
들까?

nightfully

savour the seasonal delicacy cuddly.
the summer evening is not just the hour.
it conjures the mood for
the serendipitous romance.
put that deep aura daintily in a teapot.
a cup loaded with soulful fragrances.

저격된 우울

저마다 심정에는,
탄환이 돋아난다

그 나잇살 탄창처럼
마음에 두른 뒤

붉은 해
관통된 자국
죄다들 총을 원해

snipe at blues

the guardian angel or the machine gun.
which do you set your heart on?
the sky blue gets the red circle.
perhaps, the touch through the bullet.
shoot thoroughly and purge blues.

별자리는 어느 애인의 문신 같아서

노을은 저녁 환각
큰 달을 육식하며,

신선해진 심장을
바람의 육체에게

극락조, 낙원 별자리
애인의 문신 닮은

fascinated moons

sunsets? hallucinogenic drugs.

milky moons? gigantic fascinations devoted
to the celestial big city.

the paradisean bird constellation is
the tattoo of the night absolute.

angels' wings are made of cokes.
hence angels can stand the
insane planet saintly.

can artificial intelligences
generate miracles?

기도처럼 강한

긴 포옹 끝
허무들이
십자가의 팔 위에

나무로 숨으려다
잎들 앞 수줍어

웅크린 묵주 속으로,
기도만큼 강한 순수

흰 허공 무질서에
축제로 돋는 군림,

정화된 맹수 닮아
번민을 다스리는

the prom night

the dance floor in the night sky.

that solitude proposes to waltz to the cross
in that masquerade.

through that hug,
the nihil is converted to the rosary.

the prom in the limpid chaos.

a revolution is apt to
be discolored gradually.

only lipsticks are
absolutely vivid.

a holy crucifix looks like
a poet laureate with stout forearms.

십자가, 팔힘줄 군센

묵상의

계관 시인

서정 바겐세일

물질화된 공백을
사랑이라 가리키며

제조된 고백처럼
선전들이 파는 서정

마음이
약지 못하여
들어앉는 풋바람

the cupid propaganda

they call it the love?
the slogan proffered for sales or
the fancified nothingness.
that metaphysics conceptualizes
the merchantable affection.
lovers taste moony
vanilla flavors at the night circus.

선샤인 블루스

헤어짐에 익숙하여,
곧 잊는 해라지만

해어진 마음 잇는,
밤 닮은 레코드판

바늘이 쓸쓸함 저며
윤회가 춤춘다

the sunshine rhythms

the sun gets the daily new heart.
hence, it prevails over blues rosily.
that celestial vinyl plays a love
song for a halfhearted beloved.
on a record, a needle threads
and cures a cloudy mind.
the footloose transmigration
of the soul is fancy free.

있는 힘껏 나긋이

꽃처럼 꽂은 사랑
어느덧 낡게 굳어,

격정들 망명된 뒤
칼인 듯 서늘해

뽑으려 손을 댔다가
속아서 어루만진

휘파람 잘 불면서
적색 꽃에
칼을 씻는,

yet the love is skinny

the scent of the daring spirit.
it runs away with the fresh gale.
on that score, the proselytized
flower cherishes the sword trait.
do not touch that sentimental thorn.
cleanse the sharpened
blade through the red leaf.
you are too righteous to
deal with devils.
the full ennui is steely
yet the love is skinny.
all just love to love. lovefools, splendidly.

마피아와 사귈 거야
넌 착해
너무 여려

사랑은 멋진 바보짓
사랑을
사랑할 뿐

밤에게 건배

호르는 밤 반들대며
위스키 내쏟은 듯

혁명은 묽어져서
허무만이 명료하다

공허로 완전 무장된
존재의 술냄새

the drunk nihil

in the whiskey colored dark.
the thinned revolution
on your tipsy mellow breath.
stars shoot mutually.
that thickened nihil's full metal jacket.
lovers wear nights.

그 사랑 무서운 줄 모른다

붉은 잎,

흰 셔츠 위 마음 녹여

덤빈다

이런 사랑 처음이라

눈으로 속삭이는

하룻꽃

첫눈에 반해

홍건해진 풋사랑

daring darling

the red splash targeted at
the white shirt.
is it the daring sweetheart?
or the perfect liar saying
the first love?
night night hymnal.
perhaps, devils do not love conspecifics.
thus devils do not love loves.

건방진 냄새의 로맨스

고백 않는 애인에
어수룩이 속으면서

사랑이 아닌 것을
알았지만 다정히

어디서 배운 정인지
달콤하여, 기어이

hex romantically

that flirt is so syrupy.
the confession? evaporative.
slated to confess?
that romantic curse.
the shack fever will wolf
your love heartily.

5

그대의 끼니가 아름답기를

the beautiful meal for you

혁명은 부드럽게

처녀 같던 공작이
여장을 선포하며

별로 만든, 기다란
실, 이야기를 잣는다

왕관은
돌처럼 굴러
그믐달 손톱 끝에

gays' cosmos

that rosy sunset
looks like the adonized young gay.

virgo. sagittarius.
is there a zodiac sign
for the gay?
that laurel wreath
on the edge of the crescent moon.
the star sequined
thread knits
the romantic myth.

밤은 사랑을 만든다

주술의 육체이듯
부적처럼 놓였다가

자그만 탄식들을
덮어 주는 길 위 달들

입에서 퍼지던 살내
껌이 읊는 축성문

총성 닮은 향기들,
잎탄피 흩날리면

고요한 축포 속에
짙은 밤이 등장하며

nights render romances

that bubblegum on the ground.
an adhered amulet?
here and there, concretized sugary spells.
that earthly star
soothes melancholy thoughts.
it chants the mellow susurrous prayer.

in the air of peaceful gunshots,
the floral redolence is swinging.
the twilight makes a grand entrance
through that hailed honor guard.
never defeated. love your years.
in the state of being splendidly aged,
the chaotic youth is healed.

그 무엇
지지 않아서
젊었던 것 낫는다

이뤄 주시는

스스로를 잊으려
서로에 스며들어,

사랑이란 낱말은
있다며 믿는 것

사랑은 사랑스러운
거짓말, 빠지지 마

입술은 개혁주의
빨갛게 돌변한다

신념을 포식하며,
덧바르는 서약들

lovers' dictionary

love? that exists in the encyclopedia.
perhaps the term invented for the valentine's day.
or psychedelically
fabricated to share the emptiness.
you can trust the lipstick.
its red is vivid like a creed.
the biggest liar on the globe? your lover.

세속에 열어진 혁명

립스틱만 뚜렷해

고백 뒤의 허무

고독의 비린내를
눈웃음에 숨긴 채

뭍에게 근접하는
바닷결
긴 회유

휩쓸던 푸른
구애 뒤
들이젖은 무색 설득

trade blues

the sea sends his smizes
to the shore.
scattered confessions
diffuse fishy smells.
splashes of solitudes.
do not love. that fancy bait.
just barter blues.

몇몇 달은 달걀 속으로 숨었어

밤의 트럭,
별똥별
반짝이는 하이웨이

보름마다
달맞이에 주는
살, 퍼 나른다

맛있어
웃어요,
치즈
햄버거 속
얇은 달

the burger moon

shooting stars quote purple proses on
the flashy highway.
are they food delivery trucks for
the night lord?
the tasty burger made of that
full moon cheddar.
several moons are bunkered into eggs.
say cheese. the whole cosmos
smiles with you.

섬세한 박력

쓰다듬듯 곁에 드는
별, 가벼운 절대자

상징으로 만든 입체
존재는 거듭 밝다

선선한 고독의 감촉
태양 낯에, 선크림을

that champagne heart

the sun spangles in the air.
are they lofty celebrities from
the heavenly kingdom?
or cosmetician influencers?
they advertise suncreams
zealously to the celestial sun.
the evening sun
gives a kiss to your cheek.

키스에 어울리는 이름

초콜릿 나이프를
님에게 겨눈다

이 밤에 어울리는
입맞춤을 내놔요

널 보며 늦게 자는 밤
네 외로움 재우며

your kissogram

the couverture night.
that milky evening.
to say the lover's name is tasty.
yet don't get close to the lover.
loves are knives
made through
luscious chocolates.

서정 삼위일체

높으신 성령이여
립스틱 사 주셔요

너그러운 성부여
기관총
좀 사 주셔요

성자는 무장을 하며,
연인처럼 기도 드려

a coup like a prayer

in shopping malls, the secular cantata.
my lord, buy me the lipstick for
the apatetic coloration.
through your permission,
please present the gun for
the sustainable peace.
saints adorned militarily.
flowers sprouted like a coup.

도취의 조제

흰 달빛 곱게
빻아
밤바다에 담근다

네 생각 조금
타서
꽂그늘 곁 놓아두면

푸르게 거나해지는
사랑에 또 손대

intoxicated loves

ingredients for the urban love.
thoughts about near and dear you.
vanilla flavors.
the milky moonlit on the night sea.
that druggy devotee.
to love is to be intoxicated.

잔잔히

지루해진 사랑을
아쉬워 좀더 씹다

꽃잎들 흘리는
선지피가 이럴까

노을에 물들어 서서
잔잔히 배앝는

decaffeinated sentiments

savor slickly the decaffeinated love.
chew that ennui.
in the navy sky the flower's flesh.
does it taste the raw fish?
the celestial troops
lick the sunset coated lollipop.

그 밤을 좋아하는 그런 너를 좋아하는

날고기 삼킨 듯이
입 다시는 잎붉음,

드맑은 밤의 심장
바람이
핥는 달

마시던
커피를 남겨
나에게서 깨지 않게

sweet hallelujah

flowers are vegetarians?
breezes tongue rosy
petals desiring the fresh meat.
the moon is
the limpid heart of the night.
is it the saintly cream
in your coffee?
that colorized antidote.

네 품에 빠졌다가 날아 나오다

나비를 바랐다는
버터의 속삭임

보드라운 실크옷은
거친 나방 꿈꿨지

그 이슬
어둠이 낸 땀
날개 되려 애쓰던

별자리 밑
무슨 생각?
흐트러진 네 넥타이

the prettiest she or he

the silky lingerie desires to
be the armor.
that fried butter is converted to
the butterfly, whisperingly.
the sunrise dew?
it is the pledge from
the night sky to be pure.
stellar travelers put
at your heart.
loosen your tie
and be brilliant with the cosmos.

do not devote
the flower to the beloved.
praise that she
or he is the prettiest.
lionize your lover.

다른 글은
시시하여
너의 마음 읽으려

예쁜 건
늘
나여야 해
받은
꽃을 던진다

선한 연인을 속이며

사랑은 이제 더는
유행이 아니므로

낭만들 은둔하는,
기하학 시대에

연애는 밀수된 개념
무위로 은닉된다

tender hustlers

to love is not trendy.
the romanticist is
secluded in this geometric era.
all that romance?
the smuggled idea to hustle.
all that lover is just the
chocolate-coated ennui.

젊어, 콜라처럼

저녁은 퍽 야릇해
밤은 젊어, 콜라처럼

마음에
둔
사람 있어
그 이름
게워 내듯

되올라 속눈썹 닿아
그림자를 포개는

newly arrived romances

5 p.m. the evening yet not the juncture.
that romanticized space.
the shadow of
the lover flirts with the other's lover.
to say the lover's name zingily,
that soda pops.
the night is young like the coke.

그대의 끼니가 아름답기를

정좌해 명상하는
잘 헹군 밥공기

달처럼 내어 주며
포만을 나른다

달그락 올리는 기도
품 넉넉히
밝은 몸

the beautiful meal for you

there is the poet to
interpret the miracle.
or the priest
to meditate serenely?
that whitely shaped rice bowl.
it looks like
a full moon to give a feast.
the beautiful meal
perpetually for
the blessed beloved.

작품 해설

'i made a poem for you'
kind of love

글쓰기의 다정한 마술, 사랑을 이데올로기로

이봄(시인)

문학은 연인이면서 구원이다. 그 힘으로 별들을 휘저을 수 있되 쓸쓸함 옆에서 반짝인다. 시인은 낱말의 마술로써 좋은 파르마콘이 되는 글을 건넨다.

속삭임이 선동만큼 강력하다. 시인은 보드라움과 위력을 넘나드는 존재이다. 비판으로 사회를 겨눔만큼 그런 서슬로 우울을 베어 냄이 뜻깊다. 커피라든가 사랑을 이데올로기로 함조차 존중되는 시대이다. 서커스에서 들려주는 설법처럼 한분순 시인은 즐겁게 통섭들을 찾아낸다.

다정함의 선포로 개인주의 시절을 포옹함은 문학에서 당위이다. 시인은 사납되 아름다운 젊음을 굳이 붙들어 놓으려 들지 않는다. 빤하게 닳아먹었지만 풋풋하게 구는 어른의 속내를 헤아린다. 귀여움은 투쟁 형식이며 야성을 숨겨 세련되게 생존하는 완전 무장이다. 사랑이 속임이라는 것을 알아 버렸지만 그 요술스러움을 알아 준다. 삶에 섬밀하게 접근해서 포획된 시적인 포만감이 있다.

마음을 갖는 것은 이제 세계에의 개입처럼 멋지다. 현대문학은 경쾌한 깊이를 애호하여 준다. 감각마다 반할 만큼 펄떡이면서 또 시학적인 문장들을 바란다. 문학 경향은 달라지되 인간 내면은 똑같다. 작정하지 않은 연애처럼 읽는 이들 마음에 들어선다면 시학 현대성은 성취된다.

본질은 겹겹으로 있다. 휘파람은 이를테면 복음이면서 추파가 되는 것이다. 선악마저 개념으로만 있으며 실재하진 않는다. 착한 척하는 글쓰기를 넘어 인류 본성을 응시해야 된다. 꽃잎으로 긋는 성호처럼 정화된 한분순 시편들은 생활과 선문답의 경계에서 예지가 요요하다.

토라져 달아나며
가을을 나무란다

그들을 패거나
여기
나를 안아 줘

쓸쓸은 식지 않아서
쏘다니다 붉은 성

–「그들을 패거나, 나를 안아 줘」 전문

시대 명제가 된 적극적인 위로를 선보인다. 역사와 신화를 넘으며 인간에게 표하는 경의이다. 단풍 붉은 잎의 독백을 들으면서 '그들을 패거나 나를 안아 줘' 날것 고함으로 시술하여 생생히 와 닿는다. 나약해진 문명에게는 다시 야생이 필요하다. 그 감정적인 요청에 섬세의 박력으로 응답한다. 초월을 갈구하진 않지만 슬프기에는 너무나 그럴 듯한 페르소나이다.

감정선이 다면체가 된 시절이므로 테제들의 혼합은 마땅

하다. 지향성은 삶에 더 밀착된 문학 형태이다. 그로써 예술은 실용성을 증강할 수 있다. 정성스러운 문체의 한분순 시인은 텍스트 컬러리스트이다. 명료히 풍경과 관념을 표현하여 감응을 늘린다.

갓 물오른 눈꼬리
가지런히 삽상한

곡마단 구경하듯
흰 이를 드러낸
봄

어깨를 지그시 안는
격려로 바람결

영원을 다스리려
낯가리던 꽃 벙글어

서둘러 눈뜨는 것,

슬기 속 미쁨이다

참하게 피어오르니

기도처럼 품으며

–「지그시, 봄」 전문

정경과 정감이 밀도 짙으면서 수완 훌륭한 원근법 속에 어울려 있다. 운문 율격에 잘 읽히는 산문 맵시가 교직된다. 서사의 사회성만큼 정서에 무게 중심을 놓는다. 그 한 사람 마음을 가져야 우주를 갖게 된다. 모든 시적인 성취들은 서정을 기반으로 한다. 시제와 차원을 유유히 다룬 필력에 곁들여서 '흰 이를 드러낸' 봄처럼 한분순 시편들은 생애 기쁨으로 건강히 밝다.

연애, 이 보편 감정을 활용하는 작법은 읽는 이 중심의 시대성이다. 명작에는 연애시가 많다. 인간이므로 인간이 흥미롭다. 그런 요구에 성서조차 로맨스 플롯으로 함은 이교가 아닌 짙은 믿음의 다른 방식이다. 시인은 글이라는 상품 생산자로 오만에 갇히지 않으면서 독자들을 만족시킴에 착실하다.

외로움의 사육제

켜켜이 가게 안에

예의로운 개인주의,

고백은 박력 있게

바코드,

흑백 광대옷

직설적인 추파들

-「촌스럽지 않은 고백」 전문

축제로 고독을 규정하여 존재에게 격려를 바친다. 나란히 함께하지만 서로를 건드리지 않는 '바코드' 세로줄들은 기호화된 예의이다. 아날로그 인간성이 옅어져 있는 지금, 인류애의 충만감은 그득함을 제공하는 상품이 맡는다. 상점은 인간과 사물이 저마다 외로움들을 덜어 내는 공간이 된다. 절대 필력을 갖추려 하되 광대처럼 봉헌함은, 문학이 작가주의에서 독자주의로 나아가며 지킬 성의이다.

시조는 두근두근의 미학이다. 현대 시조는 산문성 자유를 받아들이면서 율을 운문답게 더한다. 두근두근, 그 네 음절의 설렘들로 종횡을 쌓아서 정형시가 된다. 어쩌면 자유시는 너무 자유로워 자유롭지 않다. 시조는 흐드러진 낱말에 휘둘리지 않으면서 내용을 최소 어휘로 축약하며 리듬감 있게 가다듬는다. 그러므로 정형시의 형식은 가두는 틀이 아니다. 생각을 가다듬어 넣는 판을 잘 만듦이다. 낱말들이 만든 대열로써 음보는 글에 호흡을 넣는다. 성과는 인간 본능과 감성에 최적화된 리듬이다. 그렇게 문장의 공간에 시적인 균형을 축성한다.

겹겹의 고독을
앵두처럼 굴리면서

멀미난 색시처럼,
입술만 달싹인다

해맑은 그림자 안아
만나는 예쁜 내력

–「뭐가 그렇게 수줍어서」 전문

공존공영 시대이다. 여성성과 남성성은 서로 겨룰 것이 아니다. 야만과 무기를 다스리면서 인간애에 닿은 긍정 측면 남성성을 존중하며, 작용과 반작용이 아닌 공생으로 나아가야 된다. 그 속에서 잊은 사랑스러움의 원형을 복원하는 한분순 시인이다. '멀미난 색시처럼' 여린 실존에 깃든 어여쁜 본질을 탐람한다. 삶에 낯을 가리지만 그림자마저 반짝이는 서정 존재에 반하게 되는 것이다.

극진함이 작법의 본연이다. 글 읽는 감상자를 지극히 받든다. 몰입을 위하여 시인은 스스로를 드러내지 않는다. 시적인 경험을 넘어서 오롯하게 읽는 이들의 글이 될 수 있게 하는 것이다. 작품 속 주인공 인칭이나 정체를 숨겨 감상자 각각이 글에 이입될 표면적을 넓힌다.

성실한 문학은 깊이에 현상학의 높이를 더한다. 언어는 우주를 만든다. 글을 쓰는 것은 글만 쓰는 것이 아니다. 우주를 보는 그만의 시선이 있어야 된다. 글쓰기는 삼차원 철학 위에 사차원 문필을 쌓음이다.

도시에서 천사들은
느긋하여 비만해져,

별만큼 든
나이 세며
네온으로 갈아입어

십자가 피뢰침들은
신화들의 칼자국

-「천사는 기도를 통역할까?」 전문

예술 전반에서 거룩한 성인을 인간적으로 묘사하는 작풍이 늘었다. 성스러움과 세속의 경계를 흩트리지만 무례는 아니다. 시인은 여러 시편들에서, 커피숍을 개인적인 예배당으로, 질대자를 연인으로 은유한다. 종교를 높이 여기되 신앙심과는 다른 숭앙을 더하려 함이다. '천사는 기도를 통역할까?' 그 질문은 복된 초대로 작용하는 소통을 다룬다.

좋은 글 행간에는 주술이 깃든다. 무엇이든 성의는 궁극엔 위력을 생성한다. 시인은 축원을 건넨다. 기꺼이 독서해주는 것에의 답례이다. 글은 환함을 추구하지만 위로가 된다면 흑마술조차 마다하지 않는다.

네 생각 가득해서
턱 괴는
버릇 들어

설렘을 먹고 사는
심장은 낭만주의

사귀자,
계산적으로,
귀신조차 겁내게

-「연애의 교리」 전문

사랑은 순수의 상징이되 연애는 뜻하지 않게 홀림이 된다. 첫 설렘 이후에는 스스로마저 속인다. 차라리 '계산적으로' 사귀어야 어쩌면 진심에 근접하는 것이다. 현대성은 이제 시간성이 아닌 공간성이므로, 그 편린으로써의 감정을 핵심 테제로 다룬다. 문장 멋에 더해서, 개념을 해체하여 재정립함이 글 읽는 즐거움이다.

문체는 입체여야 한다. 수렴되는 완결을 넘어서 많은 스펙트럼으로 제조하는 것이다. 길드처럼 굳은 기존 경향과 스스로의 문체를 계속 벗어나야 된다. 곁들여서, 자유시 형태를 친밀히 여기므로 활용되는 것은 면밀한 배행이다. 내용 질감과 호응된 활자 레이아웃은 있어 왔다. 시조 형식 해체가 아닌 글의 행을 자유롭게 배열하여 시각적인 연성화를 하는 것이다. 장르에서 내용은, 초장으로 당기며 중장 이야기성과 종장 놀라움이 있다. 그 형식은, 시에서 본질이지만 많이들 잊은 리듬이다. 대우주조차 세 줄의 기승전결로 축약하는 체계이므로, 시조는 모든 글쓰기에서 안내서와 같다.

애정이 세계관이다. 시인은 그런 까닭으로 슬픔을 즐겨 쓰지 않는다. 뭘 다루든 기쁨으로 다듬어 감상자에게 건

네려 한다. 문학이 우주 섭리를 알아내길 바라던 시대는 지났다. 깨달음은 모두에게 깃든다. 그들 나이만큼의 눈물이 다들 있다. 거기에 글로써 서글픔을 주지 않음이 한분순 시에서 문학 예법이 된다.

극렬하게 허무가
우울을 선동하면,

어둠에 갈기는
네온들의 도끼날

고독은 잠들지 않아
바람을 안았어

–「바람이 바람에게 반하여」 전문

격정은 환각이며, 고독은 현대인의 원죄이다. 사랑은 강하지만 허무는 훨씬 강하다. 그 지혜롭다는 잠언들조차 허무에겐 무력하다. '바람'은 사랑의 동의어로 공허 특질을 지닌다. 그 둘을 있는 힘껏 받아들임은 귀족스러운 무심함이면서 혜안이다.

성찰에서 낭만은 무책임하며 냉소는 건방지다. 시편마다 몫몫이 다른 작법이 있어야 된다. 세계관을 여러 결로 갖춰야 하며 이를 뒷받침하려면 문법을 창조해야 한다. 낱말을 정석과 다르게 의외로이 쓰거나 아예 개념마저 만들어 내는 것이다. 특히 일상 사물의 재발견과 재해석으로 독보성에 닿는다.

작법은 어디든 있다. 옷을 차려입는 것이나 초콜릿이 혀에서 일으키는 달콤함은 그 자체로 작법이 된다. 섬려히 관찰하면 거기에 영감과 문장이 찾아든다.

정좌해 명상하는
잘 헹군 밥공기

달처럼 내어 주며
포만을 나른다

달그락 올리는 기도

품 넉넉히

밝은 몸

-「그대의 끼니가 아름답기를」 전문

예의와 상냥함을 세계관으로 하여 생의 근원을 다룬다. 묵상 수련을 추앙하는 다감함이 있으며, 은총을 '끼니'로 물질화 시켜서 생활 속 평이로움에게 한분순 시인은 근사한 지위를 더한다. 서정 극점에 놓인 '달'을 곁들인 표상 혼성으로 일상은 신비성을 갖춘다. 구원이라는 거대함을 작은 사랑스러움들이 맡는 이 시대엔 삶의 구획마다 섭리가 놓인다. 일상이 곧 기적이다.

마법과 혁명 체계에서 삶을 대하는 축원이 한분순 문학이다. 시인은 아름다운 끼니와 더 좋은 날들의 세계에 있다. 그는 서정을 창작 교리로 은총을 짓는다.